MANIFIESTO CUSTODISTA

EN DEFENSA DE LA LIBERTAD PLENA

Palabras del autor

Escribo este manifiesto por algo tan sagrado y a la vez tan tergiversado como la Libertad. Son muchos los motivos que me inspiran. Seis, para ser concreto, que me llevan a tomar el riesgo de hacerlo.

Porque sí, es arriesgado exponer el criterio propio e inspirar a otros a rebelarse contra aquello que nos coarta y limita por la fuerza.

Especialmente en estos momentos en los cuales gobiernos tiranos y sistemas corruptos se llenan la boca con palabras de "libertad", "igualdad", "progreso" u "oportunidad", desvirtuando significados tan valiosos como trascendentales para la humanidad. Sistemas bajo diferentes banderas, signos, ideologías y nombres pero idénticos en su ambición de control y poder.

El primero de los motivos es para dar mi apoyo incondicional a aquellos que, como yo, despertaron y reconocen que el sistema en el que les ha tocado vivir no funciona. Yo creí tener ideas progresistas, pero no por mí libre decisión, sino por el criterio impuesto y los pensamientos heredados. Conforme practicaba la auto-mejora me permití comprender que el sistema no me beneficiaba en ningún supuesto, sin importar los colores del gobierno de turno, y pensé, iluso pero al menos libremente, que lo mejor era permanecer apolítico. No hizo falta mucho para comprobar que abstenerse y rechazar la política también es ceder la Libertad, y que inevitablemente la vida de quienes no quieren participar en el sistema se ve comprometida y sus libertades arrancadas. Ahora sé que la política importa, tanto que nos afecta hasta en cada aspecto de nuestra vida y nuestros negocios. Tanto, que me veo en la obligación moral de luchar por cambiar un sistema que lo arrebata todo y no aporta nada.

El segundo motivo es porque la tiranía está avanzando a un ritmo acelerado. Cada vez somos más los que nos damos cuenta de que están acabando con todo atisbo de libertad. Aún hay muchos que permanecen dormidos o ajenos sin saber que a ellos les afectará tanto o más. Cuándo, cómo, con qué vehículos y en qué momentos podemos circular. Qué está permitido y qué no publicar. Marcando quién es digno y quién no de ser escuchado, únicamente por divulgar o no la "verdad oficial". A disposición de qué debes poner tus propiedades. Con quién sí y con quién no puedes hacer negocios. Llegando al extremo de decirnos qué debemos comer o de manipular el precio de los alimentos, con el objetivo de debilitarnos física y mentalmente.

Un tercer motivo es más materialista, pero igualmente válido. Somos millones de personas las que sabemos que construir riqueza es un paso fundamental hacia la libertad. Emprendemos, lo damos todo y, aún así, es muy fácil fallar. No es culpa del empresario o emprendedor ni tampoco de los trabajadores. Nos roban a través de impuestos abusivos. Nos arrebatan la productividad mediante la inflación y nos hacen más pobres.

El cuarto, porque esta es una forma de apoyo a otras tantas personas que comparten esta misma lucha. Y, al mismo tiempo, nuestra responsabilidad de despertar a tantos otros como sea posible.

El quinto motivo es declarar abiertamente que formo parte de esta lucha para acabar con quienes nos limitan y controlan. No sólo por defender a los que luchan por la libertad, también por defender a los que aún no han despertado.

El sexto y último, porque todavía hay solución.

Introducción

A lo largo de la existencia humana, hay un hilo conductor que conecta todas las grandes guerras, batallas, revoluciones y logros de la historia. La búsqueda contínua e incansable de la Libertad. Desde el origen de cada civilización, hombres y mujeres han luchado, sangrado e incluso perecido por esta causa sagrada. Porque la Libertad no es un lujo ni tampoco es una posesión o un derecho que puedas tener a tu disposición cuando la necesites. La Libertad es el bien más preciado que puede alcanzar el ser humano.

El origen de esta usurpación de libertades es que partidos socialistas y comunistas promulgan la igualdad de resultados. Pero igualar los resultados de toda una comunidad es injusto en su esencia. Pretenden que todos tengamos lo mismo, pasando por alto que la verdadera igualdad radica en las oportunidades y no en los resultados, pues los frutos que cada individuo obtiene son consecuencia de su esfuerzo, trabajo, riesgo o ingenio. Un reparto artificial y forzado de los logros obtenidos por algunos sólo beneficia a los ineficientes y a los mediocres, y es una deshonra a quienes han luchado por prosperar.

El Custodismo se origina como una doctrina global que exalta la Libertad por encima de todas las cosas.

Ser Custodio no es simplemente un título o una etiqueta, es un sagrado deber. Ser Custodio es cortar las cadenas de la opresión mental, física y espiritual impuestas por gobiernos y sistemas corruptos y controladores. Gobiernos que, desgraciadamente, actúan en sincronía en diferentes países alrededor del mundo y debemos enfrentar.

En el Custodismo no cabe la apatía o la sumisión. Rechazamos frontalmente las falsas promesas de comodidad y seguridad a cambio de renunciar a nuestro libre albedrío. Porque la Libertad es necesaria para el espíritu humano como lo es el aire para el cuerpo.

Nos negamos a contemplar como meros espectadores un mundo donde las ambiciones desmedidas de unos pocos roban la Libertad de las masas.

La revolución es necesaria y llegará de forma inevitable cuando las masas despierten. Los Custodios de la Libertad combatimos contra todo aquello que nos pretenda someter a la esclavitud moral, intelectual y existencial.

El Manifiesto Custodista no es un texto de lectura pasiva. Es un llamado urgente y necesario a la acción inmediata. Es un enfrentamiento contra todas las fuerzas que buscan el control y la sumisión. Por ello te insto a no ser un espectador que desea que la Libertad le llegue, sino un partícipe activo que camina hacia la Libertad.

Cada palabra ha sido pensada para sacudir los cimientos de tu ser y para hacer arder en tu pecho la urgencia de actuar antes de que sea demasiado tarde.

No tengas miedo de cuestionarlo todo. El Custodismo promueve el pensamiento crítico y el desafío constante a las verdades impuestas por otros.

Subraya, toma notas, medita y comparte con otros los conceptos que lleguen a lo más profundo de tu alma. Permite que nuevas ideas germinen en tu ser y te guíen en tu transformación interior. Porque al finalizar esta lectura no serás el mismo ser dócil que en algunos aspectos fuiste. Te habrás empapado de los ideales elevados del Custodismo y estarás preparado para asumir parte en la lucha por la Libertad plena y para, una vez alcanzada, custodiarla y protegerla sobre todas las cosas.

Utiliza este texto como un manual contra la opresión. Conviértelo en un compañero que te recuerde constantemente lo frágil que es la Libertad y te anime a seguir luchando por ella. Hazlo tu escudo contra las mentiras y los miedos.

Recuerda que la Libertad no se adquiere ni se hereda, se construye en cada generación. La amenaza es real: Es la Libertad o la esclavitud.

Los mandamientos del Custodismo

El Custodismo es un código de vida práctico y riguroso. Sus principios son los cimientos sobre los que se erige la soberanía del individuo libre. Quienes abrazan esta doctrina asumen un deber sagrado de perfeccionar sus mentes, cuerpos y espíritus y convertislos en armas contra la opresión.

1. Cultivarás tu cuerpo y tu mente crítica

El Custodio entiende que un cuerpo y mente fuertes son la base de su defensa contra todo tipo de esclavitud. Nadie más que uno mismo sabe cuál es el mejor entrenamiento para mantenerse en libertad.

En el aspecto físico realiza ejercicio para mantener una buena salud y forma física. Un cuerpo fuerte y ágil te permitirá defenderte mejor de las amenazas.

- Entrenamiento de la fuerza: Realizar ejercicios de musculación.
- Aumentar la resistencia: Ejercicios cardiovasculares como correr, nadar, ciclismo, etc.
- Mejora de coordinación: Practicar deportes individuales o en equipo que requieran

buena coordinación ojo-mano/pie y equilibrio como artes marciales, tenis, boxeo, etc.

En cuanto a la mente, es obligación moral nutrirla constantemente de nuevos conocimientos mediante el estudio y la lectura crítica.

- Leer libros de historia para comprender los errores del pasado y no repetirlos. Estudiar de diferentes filosofías y comunidades.
- Mantener la mente abierta y cuestionar todo lo que se nos presente como "verdad oficial". Contrastar y analizar diferentes fuentes y puntos de vista.
- Recibir clases, cursos o formaciones que amplíen tus conocimientos en distintas áreas. Política, economía, defensa personal, supervivencia, lucha, ajedrez… Ningún conocimiento debe ser rechazado.
- Escuchar y analizar diferentes comunicadores o periodistas independientes y a líderes. Incluyendo ideologías contrarias a nuestro pensamiento. Para saber defender con más criterio.
- Practicar la lógica y el análisis para no caer en falacias y manipulaciones. Sintetizar ideas te ayudará a crear tu propio pensamiento.

Para facilitar el cumplimiento de todo este proceso de auto-mejora es conveniente encontrar tus momentos de mayor rendimiento físico e intelectual. Consigue libros y llévalos contigo para los tiempos muertos, apúntate a clases de defensa personal, sigue blogs y podcasts de pensadores libres.

Recuerda que nadie puede acallar una mente despierta y crítica, ni someter un cuerpo fuerte y ágil.

2. Rechazarás la dependencia y abrazarás la autosuficiencia

Ser autosuficiente reduce el poder que instituciones y gobiernos pueden ejercer sobre ti. Rechazar la dependencia es oponerse a cualquier tipo de premio, regalo o incentivo de parte de las élites opresoras. Es cómodo actuar de forma dependiente, pero es una forma estúpida de vender tu libertad. Los sistemas autoritarios conocen muy bien la ley de reciprocidad, y saben que pueden darte un poco y luego quitarte mucho más sin que puedas resistirte.

El Custodio persigue la autosuficiencia en todos los aspectos de su vida y esto implica:

- Ser financieramente independiente sin depender de ayudas, subsidios, becas ni otros programas gubernamentales que

serán usados como herramientas de chantaje y control.
- Buscar la independencia alimentaria mediante la producción propia de cultivo o cría de animales.
- Generar energía solar o eólica que te permita desconectarte si es necesario de sistemas energéticos controlados.
- Educarte de forma autodidacta en vez de pasar por sistemas educativos convencionales cuyo objetivo es el adoctrinamiento.
- Rechazar incentivos y facilidades de sistemas o individuos con poder que puedan ser usados en tu contra después.

Cuanto más libre seas de necesitar a otros más libre serás en verdad. Reduce tus necesidades y cúbrelas con tus propios medios y recursos, no tengas deudas ni obligaciones con nadie, especialmente con quienes quieren el control y poder.

3. Generarás riqueza extrema

La riqueza material es un pilar fundamental para alcanzar la verdadera Libertad e independencia y debes adoptar una mentalidad imparable de creación de abundancia.

No te conformes con sobrevivir o tener lo básico. Ese es el camino de los mediocres y los que permanecen dormidos, es lo que mantiene al rebaño atado al sistema opresor. Tu deber ético y moral es prosperar, acumular capital y generar riqueza extrema sin límites.

Rechaza términos como "suficiente", "bastante" o "demasiado". No hay tales límites en tu potencial de crear valor. Cuantos más recursos controles más poder tendrás para defender la libertad.

Aprende estrategias de negocios, marketing, ventas, inversiones, finanzas, blockchain y todo lo que te ayude a prosperar fuera del sistema.

No temas al éxito. No olvides que el sistema educativo y las leyes te han estado condicionando toda la vida y es fácil pensar en todo lo negativo que trae consigo la creación de riqueza.

Debemos apoyarnos mutuamente en esto. No por avaricia, sino por un deseo legítimo de libertad. Prosperidad que no solo te beneficia a ti, sino que se convierte en un medio para liberar a otros de la opresión económica.

4. No alimentarás a los tiranos

El dinero es el principal combustible que alimenta a los gobiernos controladores y sistemas corruptos.

Cada céntimo que cae en sus manos se transforma en un instrumento más para ejercer control y arrebatar libertades.

Por ello, tu deber sagrado es negarles acceder a tus recursos económicos. No permitas impuestos ni regulaciones depredadoras diseñadas para quitártelo todo. Ese dinero acabará siendo utilizado en contra de los tuyos.

Evade los impuestos con todos los medios a tu alcance. Aprende estrategias de evasión fiscal, diversifica tus activos, opera en la economía informal o sumergida si es necesario. Mantén tu riqueza inembargable, fuera del acceso y control del gobierno.

Retira tu dinero de los bancos centralizados y muévelo a sistemas alternativos que respeten la Libertad y la propiedad privada. Utiliza el efectivo.

Recuerda que ellos sin dinero no son nada. Sólo bastaría un movimiento colectivo y organizado para dejar de pagar impuestos y el sistema caería por su propio peso en muy poco tiempo.

5. Desobedecerás las leyes injustas

El Custodio no aceptará ciegamente leyes, normas o reglamentos que jueguen en contra de sus principios de libertad. Hará caso omiso a cualquier mandato que pretenda limitar sus libertades.

No aceptará vivir bajo un sistema de opresión y control que dicte qué puedes y que no puedes hacer con tu cuerpo, tus propiedades, tu tiempo y tu libre albedrío. Las leyes son impuestas para mantener el control, cada vez más fuerte, no para proteger la libertad.

Por este motivo el Custodio estudiará en detalle cada ley y decreto, contrastando diferentes fuentes para analizar cuáles responden genuinamente a un bien común y cuáles son simples instrumentos de restricción. Aquellas que sólo pretendan limitar derechos serán desobedecidas sin miedo.

Nunca olvides que las leyes injustas no merecen respeto ni obediencia. Como dijo Thomas Jefferson: "Cuando la injusticia se convierte en ley la resistencia se convierte en deber".

No temas ser tildado de criminal, delincuente, negacionista o rebelde por desobedecer mandatos tiránicos. Los verdaderos criminales son los que quieren arrebatarnos la Libertad disfrazados de "orden" y "legalidad".

6. No te someterás

No te dejarás someter por la fuerza, las amenazas o el miedo. Plántate firme y enfréntate a cualquier intento de opresión con coraje y determinación.

Que tu negativa a ser parte del rebaño cómodo en su mediocridad, dócil y obediente llegue a los oídos de los tiranos y les haga temblar.

No cedas ni un mínimo tu soberanía individual por pequeña o inofensiva que parezca la imposición. No existen ninguna limitación de Libertad sin importancia. Incluso cuando la limitación no te afecte a título personal es tu deber luchar contra ella, pues es otro paso más que les acerca a despojarte de todo.

Nunca, bajo ninguna circunstancia, rindas tu libertad.

Intentarán reprimirte en esto mediante castigos y sanciones. Permite que te sancionen, pero jamás la aceptes como legítima. Protege tu riqueza ante la confiscación y no tendrás nada que temer.

7. Difundirás ideas liberadoras

La propagación de ideas es una línea de ataque poderosa en manos de un Custodio. Las ideas son inspiradoras, se expanden y acaban germinando en las mentes hambrientas de verdad y libertad.

Por ello debes convertirte en un predicador de la soberanía individual que no deje rincón sin iluminar con la llama del conocimiento.

Haz que tus palabras calen en lo más profundo de otras personas. Comprende primero su situación y bríndales tu apoyo. Elimina sus miedos y muéstrate como alguien que estará a su lado por un mismo fin.

Difundir las ideas del Custodismo está al alcance de todos: libros, panfletos, arte, discursos, música, internet, redes sociales, etc. Utiliza medios que impidan que tu voz sea acallada o tu mensaje censurado.

Para despertar a quienes aún no están viendo el grave peligro que todos corremos toma clases de oratoria y artes escénicas, estudia a ponentes y a grandes líderes de todo tipo de movimientos y filosofías. El mensaje suele perderse por el camino, pero las sensaciones que creas en tus oyentes permanecen.

8. Forjarás comunidades poderosas

No te limites a actuar en solitario. Busca a otros que también han despertado y ansían convertirse en Custodios de la libertad. Únete a ellos, entrelazad vuestras fortalezas, habilidades y medios para luchar de forma más contundente.

En nosotros contra los sistemas totalitarios y autoritarios que nos quieren someter. Somos la resistencia contra la opresión y debemos forjar una comunidad inquebrantable.

Forma comunidades físicas o digitales donde los Custodios puedan conocerse y construir lazos de camaradería en torno a la construcción de Libertad absoluta. Procura que sean espacios seguros y protegidos donde fluyan ideas y movilizaciones sin temor a la censura.

Identifica y atrae mentes brillantes de todas las disciplinas: filósofos, economistas, estrategas, guerreros, artistas, comunicadores, etc. Cada talento es muy valioso en esta guerra contra la tiranía.

Organiza eventos donde los Custodios puedas instruirse para prosperar fuera del control de un sistema corrupto y opresor.

Sólo formando comunidades de hombres y mujeres realmente libres nuestra voz lograremos el poder necesario para combatir los poderes ilegítimos.

9. Defenderás a otros Custodios

Dentro de la hermandad que has creado o de la que formas parte, será tu deber sagrado defender y proteger a aquellos que abracen la causa de la Libertad absoluta. Ningún Custodio debe quedar desamparado ante los ataques opresores.

Vela por tus hermanos y hermanas de ideales como tu propia familia. Alimenta sus mentes y proporciona lo que necesiten para seguir en la lucha común.

Si alguno de ellos es castigado injustamente por desafiar a los opresores es tu deber moral movilizarte y exigir su liberación a través de protestas, campañas mediáticas, desobediencia civil masiva y cualquier medio de presión a tu alcance.

Una buena defensa es la prevención. Facilita rutas de escape seguras y refugios donde puedan resguardarse aquellos Custodios defensores de la Libertad cuyas vidas corran peligro por sus actividades de insumisión. Establece redes clandestinas que los protejan y asistan en su huída de las garras del control y la censura.

Si la situación lo requiere, no dudes en organizar grupos de autodefensa para brindar protección física a los amenazados. Prepárate en tácticas de combate, estrategia y todo lo necesario para garantizar su seguridad. También proporciona asistencia legal y apoyo económico siempre que esté en tus manos. Que ninguno tenga que afrontar esas adversidades en solitario.

Vida diaria bajo los principios del Custodismo

El Custodismo es un modo de vida que debe encarnarse en cada respiro y cada acción. Para un verdadero Custodio de la Libertad cada amanecer es una nueva oportunidad para reafirmar su Libertad y desafiar los sistemas opresores.

Al inicio del día el Custodio se prepara para el entrenamiento físico y mental ya que entiende que un cuerpo y mente fuertes son su base de defensa contra toda forma de esclavitud.

Podría parecer que establecer un deber de entrenamiento continuo como este queda fuera del libre albedrío. Nada más lejos de la realidad. Pues en total Libertad puedes obligarte al entrenamiento o asumir la esclavitud que te intenten imponer sin ofrecer resistencia.

En su día a día el Custodio es fiel a los nueve mandamientos adonde quiera que vaya. La auto-mejora continua es su mantra, trabajando o emprendiendo aquello que estimule su crecimiento personal. Ejerciendo la Libertad activamente al tomar decisiones conscientes y desafiando las normas de quienes intentan controlarlo.

Cuando observa que las libertades de otros individuos o grupos están siendo coartadas se convierte en su deber y responsabilidad defenderlas. Pues en otro caso estará aplaudiendo a los que a través de la fuerza y los miedos esclavizan a otros y, tarde o temprano, estará entregando en bandeja sus propias libertades.

Por ello, crea y participa en comunidades custodias, en protestas y movimientos de resistencia y en otras formas nobles de rebelión frente a los que sólo pretenden arrebatar libertades.

Un Custodio también rechaza la obediencia ciega a cualquier autoridad que atente contra lo más sagrado que puede alcanzar la humanidad.

En sus interacciones diarias alienta e inspira a otros a abrazar esta filosofía liberadora. Insta a otros a unirse a su lucha y con ello acerca un paso más la Libertad plena.

La vida diaria de un Custodio puede parecer una batalla constante y sin final. Pero es la más noble de las guerras que podemos librar. La lucha por preservar la dignidad y la plenitud de espíritu contra aquellos que nos quieren someter a una muerte en vida.

La verdadera Libertad

Es inevitable querer conocer una definición precisa de qué es la verdadera Libertad. Pero a lo largo de la historia este ideal ha sido tergiversado y rebajado a simples reflejos de su esencia.

Para el Custodismo la Libertad no es el libertinaje egoísta de hacer lo que uno quiera sin restricciones. Una definición tan burda y miope como esa reduce al ser humano a poco más que animales gobernados por impulsos básicos, negando nuestra enorme capacidad de raciocinio y moralidad.

La auténtica Libertad lleva consigo una gran responsabilidad individual y colectiva.

Tampoco podemos dar por correcta la Libertad definiéndola como un derecho legal o político, otorgado de manera condescendiente por gobiernos o instituciones. Dichas "libertades" concedidas por terceros no son apenas diferentes de vivir en una jaula de oro. La Libertad no es eso, pues lo se puede dar es susceptible de ser arrebatado.

El Custodismo también rechaza la definición de Libertad como la capacidad de elección entre una muestra de opciones prefabricadas que sólo sirve para asentarnos en el conformismo y la mediocridad.

No. Para un Custodio, la Libertad verdadera es la soberanía absoluta sobre la propia mente, cuerpo y espíritu. Es la capacidad de pensar, decidir y actuar bajo su propia voluntad y criterio.

La Libertad también es una fuerza expansiva que crece al mismo ritmo que lo hace la experiencia humana.

Más que un estado, afirmativo o negativo, es un ejercicio constante aplicado a cada decisión y acción. Un ejercicio que debe ser practicado diariamente para construirlo y custodiarlo como el mayor de los tesoros.

Esta es la Libertad sagrada e innegable que defendemos los Custodios por encima de todas las cosas. Y por esta Libertad entregamos nuestra existencia. Porque la Libertad es la única forma de vivir de verdad y cualquier otra forma de existir no es digna de ser llamada vida.

El camino hacia la Libertad plena

La Libertad absoluta que perseguimos los Custodios no se puede adquirir ni puede ser otorgada por otros. Es un camino difícil de autodescubrimiento, autodeterminación y autorrealización. Es un proyecto de vida hacia la soberanía total de quien quiere construir y proteger todo un abanico completo de libertades independientes e interconectadas.

Pues la Libertad absoluta es un concepto compuesto por infinidad de formas de liberación. La suma de todas las expresiones de soberanía que permiten a cada persona alcanzar todo su potencial.

Mientras la humanidad se desarrolla la Libertad se expande y mantener la Libertad plena se volverá sustancialmente más complejo a lo largo del tiempo. Esto es un mapa libre de interpretación de las veintidós libertades que todo Custodio debe construir y salvaguardar con todas la herramientas que tenga a su disposición.

Algunas de estas ya fueron logradas en ciertos rincones del mundo y debemos protegerlas. Otras permanecen como deseos por los que luchar sin descanso.

Para facilitar la consecución de una Libertad plena, podemos interpretarla como un conjunto de veintidós libertades, clasificadas en tres grupos. Las endógenas o individuales son las primeras que deben perseguirse ya que dependen de uno mismo. Después están las libertades exógenas o sociales que son por las que se debe luchar en comunidad junto a otros individuos de libertades endógenas alcanzadas. Y finalmente quedan las espirituales que, en última instancia, son las más trascendentes y dan sentido a nuestra existencia.

Libertades endógenas o individuales

Libertad de pensamiento

La Libertad de pensamiento es el pilar sobre el que se construyen todas las demás libertades. Se trata de la soberanía absoluta de la mente de cada uno de nosotros, liberada siempre de cualquier cadena visible o invisible que intente reprimirla.

Desarrollar plenamente la Libertad de pensamiento es la primera y más importante misión de un Custodio.

Para construirla uno debe primero demoler los muros de la ignorancia y la sumisión intelectual que nos han sido impuestas desde que nacimos. Se deben cuestionar todas las verdades aceptadas. Se deben desafiar los paradigmas dominantes e impuestos. Es necesario desarrollar un criterio propio en vez de asumir las narrativas preparadas por quienes quieren controlar nuestras mentes.

Desarrollar el propio criterio no es precisamente fácil. Un Custodio de la Libertad debe convertirse en un maestro de la lógica, el razonamiento y el análisis. Debe aprender a separar las verdades de las falacias y los hechos de las ficciones. Debe uno abrirse al ruido y extraer las señales.

En el camino, la mente debe tornarse un campo de batalla donde las ideas luchan las unas con las otras y sólo las más sólidas y robustas prevalecen.

La verdadera Libertad de pensamiento también debe acabar con el miedo y la autocensura internalizados. Nadie excepto nosotros mismos puede acabar con esta Libertad, por eso es tan importante dominarla y no caer en el error de tomar criterios ajenos como propios.

En cualquiera de los casos el pensamiento libre es la llave a todas las demás puertas hacia la Libertad plena. Nuestra mente jamás podrá ser esclavizada si el Custodio no lo permite.

Libertad de aprendizaje

Este es un derecho fundamental e inviolable que todo Custodio debe proteger y ejercer a toda costa. Es nuestra capacidad inherente de adquirir conocimientos y habilidades de cualquier fuente, sin limitaciones impuestas.

En los sistemas tradicionalmente aceptados, el aprendizaje es controlado por instituciones y gobiernos que dictan qué, cómo, cuándo y dónde debe ser aprendido. Y lo hacen creando cánones inalterables de "verdades" aceptadas para crear mentes convenientes a sus intereses.

Pero el Custodio no se conforma con alimentarse de las migajas contaminadas de manipulación y censura. Busca más allá, evitando los obstáculos que intentan limitar su capacidad de aprender.

Tú puedes abrazar un modelo autodidacta para la adquisición de tu sabiduría y encontrar los resquicios que te permiten acceder a otras fuentes incluso en el más controlado de los sistemas. Y no confundimos la Libertad de aprendizaje con el derecho a la educación, pues el primero es endógeno y solo depende de tí, pero el segundo es impuesto.

El auténtico aprendiz libre es como un árbol que cada día tiene la oportunidad de extender sus raíces un poco más lejos y con ello hacerse más fuerte mientras sus ramas alcanzan nuevos horizontes de comprensión.

Libertad de autocuidado

Para un Custodio, la mente y el cuerpo son dos templos sagrados donde reside su soberanía individual. La Libertad de autocuidado es un derecho pero también una responsabilidad suprema.

Esto implica la absoluta Libertad sobre todas las decisiones que conciernen la salud física, mental y emocional libre de interferencias externas.

Por más límites, legislaciones opresoras o presiones sociales que intenten imponernos tenemos la potestad innegable de elegir ejercitar nuestro cuerpo con medios o sin ellos. Mientras que las técnicas de meditación, terapias psicológicas, expresiones artísticas o conexiones espirituales nos permiten el autocuidado mental.

En este aspecto no existe limitación alguna que pueda ser impuesta por la fuerza, pues es el Custodio el único realmente validado para construir y cuidar su propio cuerpo, mente y alma.

Libertad de ocio

Tras los requirentes esfuerzos en el ejercicio de sus libertades internas y externas todo guerrero necesita momentos de disfrute para reponerse. Por ello ejercer la Libertad de ocio permite al individuo renovar energías.

Esta Libertad abarca el uso del tiempo en actividades lúdicas o recreativas. Desde deportes o aficiones hasta el más complejo pero a menudo más liberador "no hacer nada" permitiendo el descanso real de mente y cuerpo.

Los sistemas de opresión históricamente han tratado de restringir o de controlar el ocio porque los individuos renovados y con energías son más propensos a desafiarlos. Este es el motivo por el que Estados autoritarios y sociedades tóxicas y manipuladoras demonizan el ocio o divulgan indiscriminadamente mensajes sobre qué ocio es correcto y cuál es inaceptable, para mantener a las masas agotadas y dóciles.

Pero el Custodio logra zafarse de cadenas sociales impuestas y disfruta, se divierte o juega sin culpas. El ocio auténtico y liberador es aquel que se convierte en una fuente de creatividad y descubrimiento personal.

Tu tiempo de ocio te pertenece únicamente a ti y debe ser destinado a aquello que te permite renovar tu energía con más eficacia. Y, aunque sea difícil, renuncia al ocio influido por otros porque solo el recreo libremente elegido es ocio en el sentido más puro de la palabra.

Libertad sexual

La sexualidad humana ha sido cuestionada constantemente por parte de los sistemas opresores. Para un Custodio la Libertad sexual es un derecho individual que debe ser protegido de cualquier dogma o coacción.

En primer lugar, la Libertad sexual implica la total soberanía sobre las propias preferencias, orientación e identidad de género. Rechazando cualquier intento de condenar o marginalizar las infinitas expresiones naturales de la sexualidad que no coarten las libertades de otros.

Por otro lado, también conlleva el derecho a explorar y disfrutar libremente el placer sexual de maneras consensuadas entre individuos libres sin dogmas opresores que ejercen control mediante la vergüenza o la culpa.

El Custodio rechaza toda forma de prejuicio, coacción, abuso o violencia en el ámbito de la intimidad y lleva esta Libertad endógena tan individual y privada a superponerse en perfecto equilibrio con la Libertad sexual de los demás.

Libertad artística

El arte es el lienzo en el cual plasmamos nuestras más libres expresiones de pensamiento y por ello la Libertad artística es tan única y valiosa.

En los dominios de la opresión más pronunciada el arte ha sido históricamente uno de los primeros frentes sitiados. Los sistemas autoritarios temen el inmenso poder de transformación que las artes poseen sobre las almas humanas y procuran censurar, coartar y destruir toda expresión artística que impida o dificulte sus objetivos.

Pero el Custodio encuentra el lienzo para su imaginación y genio incluso donde no parece haber nada. La Libertad artística es por sí misma un derecho innegable que permite expresarse a través de cualquier forma y medio, incluso logrando esquivar las mayores represiones.

Un mundo sin Libertad artística es un mundo desprovisto de alma porque en su plenitud, el arte es el vehículo con el que expresamos nuestra Libertad genuina y la convertimos en un legado con tantas interpretaciones diferentes como libres la puedan contemplar.

Libertad de innovación

La innovación es la fuerza que impulsa a la humanidad y permite expandir las fronteras del conocimiento. Es la semilla de la que brotan los grandes avances tecnológicos, científicos, sociales y culturales que cambian el mundo. La Libertad de innovación es, por tanto, un derecho y deber de los libres que los Custodios debemos proteger y ejercer.

Esta Libertad implica el ejercicio de otras libertades como la de pensamiento crítico, la de aprendizaje y la artística. Es aquí donde se comprueba que si unas libertades son coartadas las otras inevitablemente también acabarán siéndolo.

La innovación podría parecer una Libertad exógena o social. Nada más lejos de la realidad. Es en sí una Libertad y un derecho puramente individual sin restricciones artificiales como patentes, monopolios, élites académicas o censuras gubernamentales.

La Libertad de innovación es una de las libertades que conlleva mayor responsabilidad, pues nos otorga la capacidad de despejar nuevos caminos que otros libres podrán recorrer, extendiendo el manto de la Libertad plena consigo.

Libertad de legado y herencia

Todo humano tiene el derecho natural de construir, moldear y transmitir un legado material, intelectual y cultural que permanecerá vivo más allá de su propia existencia física. Esta es la capacidad que permite traspasar los límites de su tiempo y espacio para impactar generaciones que están por venir.

Podemos contemplar la Libertad de legado y herencia como tres bloques interconectados.

Primero, implica la capacidad de acumular y transferir propiedades y creaciones tangibles a herederos elegidos libremente, rechazando legislaciones e instituciones confiscatorias que pretenden arrebatar las posesiones legítimas que el Custodio desea legar.

Segundo, abarca el libre traspaso de conocimientos, tradiciones, valores, creencias o filosofías a través de obras desarrolladas durante la vida del individuo. Esta riqueza intangible es tan valiosa como cualquier riqueza física.

Por último comprende la transferencia de la propia Libertad. Siendo conscientes de la ingente tarea que supone alcanzar la Libertad plena y absoluta y comprendiendo la propia expansión de las libertades, es nuestro deber, libremente elegido, legar una mejor Libertad que permita a nuestros herederos continuar la labor.

Libertades exógenas o sociales

Libertad de expresión

Expresar nuestras ideas, opiniones, creencias o pensamientos sin censura o represalias nos hace más libres de mente y espíritu. Construir la Libertad de expresión es tomar la Libertad de pensamiento y articularla frente a los demás.

Una Libertad que se ejerce a través de la palabra, el arte, protestas o cualquier otro medio que nos permita comunicar nuestro libre pensamiento sin líneas rojas establecidas por censores.

Pero la Libertad de expresión no se limita a nuestra propia palabra, sino que incluye cuestionar las narrativas de otros que en su propia Libertad de expresión articulan.

Es esta Libertad la antítesis a regímenes autoritarios y sistemas de control social. Para estas entidades, las voces de las mentes libres son un peligro existencial que debe ser aplastado. El motivo de las censuras más férreas, encarcelamiento e incluso asesinato de quienes ejercen su Libertad sagrada de expresión.

Un Custodio jamás se rinde ante sistemas opresores que imponen una falsa o tergiversada realidad ni acepta sin criterio una narrativa única y un pensamiento consensuado. Lucha por comunicar su verdad sin importar las consecuencias, pues no existe consecuencia tan importante que justifique la renuncia a expresarse libremente.

Libertad de movimiento

El movimiento surge como el desarrollo natural de la Libertad de expresión. La capacidad de moverse libremente implica la soberanía de cada ser humano para transitar sin restricciones cualquier rincón del mundo, con los medios a su alcance.

Pero la Libertad de movimiento bien puede ser estática, pues también comprende el derecho a elegir libremente el entorno y modo de vida que más se ajusta a sus necesidades individuales. Dando la Libertad de abrazar un estilo sedentario o nómada según lo desee.

Lo que el Custodio defiende es la garantía de que los individuos jamás estarán obligados a vincular su existencia a sistemas opresores por falta de medios de escape.

Libertad de asociación y comunidad

La naturaleza humana nos mueve hacia la cooperación, el apoyo mutuo y la creación de vínculos asociativos que van más allá del individualismo y la Libertad de asociación y comunidad protege este derecho tan humano.

Es importante reconocer que la división del tejido social y el sometimiento de las masas aisladas son las armas de confusión que los sistemas autoritarios utilizan contra nuestra Libertad. El

Custodio debe ser ávido para identificar cuándo procuran polarizar a las masas y combatirlo tan rápido como le sea posible.

Tenemos el pleno entendimiento de que cualquier atisbo de enfrentamiento entre comunidades no es otra cosa que una perfecta manipulación social. Nunca es unos contra otros, es el sistema contra todos.

Los Custodios en el ejercicio de su Libertad de asociación formarán comunidades Custodias que cooperen como un todo en la lucha por la Libertad y se rebelen contra los sistemas opresores de derechos, sean cuales fueren sus ideologías.

Libertad de enseñanza

La libre enseñanza es una extensión natural de la Libertad de expresión, así como ésta lo es de la de pensamiento y debe ser protegida celosamente. Es el derecho inviolable de transmitir ideas y conocimientos.

Un verdadero educador libre no repite dogmas establecidos por burocracias y oligarquías académicas. No. Un Custodio de la enseñanza libre transmite su propia interpretación crítica del conocimiento.

Pero sobre todo, un Custodio que ejerce de docente persigue despertar la curiosidad, la capacidad analítica, el afán del autoaprendizaje y el desafío o cuestionamiento de las verdades impuestas en cada uno de sus alumnos.

Tal y como los sistemas opresores tienen infinidad de armas y herramientas para destruir las libertades, la enseñanza es parte de las nuestras. La libre enseñanza es nuestra arma y escudo para promover la verdadera Libertad y para encender en cada alumno una nueva llama de pensamiento crítico y libre.

Libertad económica

La Libertad económica reconoce la soberanía absoluta que cada individuo tiene sobre sus recursos y talentos para crear riqueza y prosperidad. Una Libertad que además se muestra en tres caras, como un triángulo perfecto.

En primera instancia, cada individuo tiene el derecho irrebatible de participar voluntariamente en cualquier actividad u operación económica que considere beneficiosa, sin aceptar limitaciones o barreras impuestas por opresores. Independientemente de si se trata de comercio, industria, servicios o intercambio directo de cualquier tipo de recurso.

En segundo lugar, el individuo tiene el derecho y el deber moral de rechazar cualquier forma de esclavitud unilateralmente impuesta. En el ámbito laboral sólo los pactos voluntarios y libremente negociados por las partes involucradas son permitidos, asegurando que el producto generado del trabajo sea distribuido libremente sin un sistema regulador.

La tercera y última cara de la Libertad económica supone el derecho contractual. Pues nadie más que las partes directamente afectadas por un contrato son dignas de establecer su criterio.

Dichas libertades económicas se verán constantemente asediadas por controles y aranceles confiscatorios de sistemas que no tienen otra economía más allá de la sustraída ilegítimamente del libre mercado.

Esta Libertad es exógena, pues implica la libre asociación en estructuras económicas que cooperan plenamente descentralizadas y al margen del control y regulaciones de poderes centralizados.

Es noble misión del Custodio rechazar y combatir a cualquier sistema que procure limitar sus libertades económicas. En caso contrario, aceptar cualquier tipo de expropiación es otorgar más poder al confiscador. No ceder ni permitir que un sistema corrupto pueda utilizar tu riqueza es atacar las raíces del problema.

Libertad de propiedad

El resultado del rendimiento individual es tan intocable como la Libertad misma en la filosofía del Custodismo y la Libertad de propiedad sobre los bienes legítimamente adquiridos es un principio inviolable.

La propiedad no es un privilegio concedido por autoridades externas, algo así no es otra cosa que una renuncia formal a nuestras libertades. Es un derecho obtenido que emana de cuánto valor aporta cada individuo al mundo. Por ello cualquier intento de despojar a un individuo de sus propiedades con esquemas confiscatorios o expropiaciones coercitivas representa un ataque inaceptable contra sus libertades fundamentales.

Al igual que con toda Libertad, la propiedad conlleva enormes responsabilidades

El individuo realmente libre jamás invadirá ni hará mal uso de las propiedades ajenas, respetando ese mismo derecho en los demás. Y el Custodio protegerá la propiedad de otros tanto como la suya, pues sabe que si permite que la Libertad de propiedad de otro se vea comprometida inevitablemente también la suya lo hará antes o después.

En una expresión más elevada y espiritual, la Libertad de propiedad es la negación de cualquier forma de esclavitud económica que intente convertir al individuo en un siervo desposeído.

Libertad de cultura

La cultura es un lienzo con vida donde se plasma la identidad, valores y visión colectiva de un pueblo. Es el conjunto de tradiciones, filosofías, expresiones artísticas y modos de vida que hacen único al hombre como ente social. Es por eso que la Libertad de cultura es un derecho fundamental para un Custodio.

Disponer de dicha Libertad nos capacita para cuestionar, preservar, modificar y recrear eternamente los elementos culturales que hemos heredado. Ninguna fuerza opresora puede imponer a la fuerza cánones inamovibles ni intentar perpetuar la cultura de una forma estática e inmutable.

Abrazar ciegamente tradiciones ajenas a las nuevas realidades es traicionar el espíritu mismo de la Libertad de cultura. No permitirse el derecho de modificar la herencia cultural es sacrificar el progreso y la productividad y firmar cobardemente en nombre de la "cultura".

En manos de los Custodios la Libertad de cultura es una herramienta de empoderamiento que nos habilita a construir identidades auténticas en consenso comunitario.

Libertad de información y prensa

La Libertad de información y prensa son el ejercicio
de las libertades de expresión y enseñanza
aplicadas de forma masiva para alcanzar a toda
una sociedad.

Esta Libertad garantiza el derecho irrebatible de
todos los individuos a investigar, forjar su propio
pensamiento y criterio, difundir, consumir y analizar
críticamente cualquier información a su alcance,
sin censuras ni limitaciones impuestas por
autoridades represoras.

Un Custodio rechaza las "verdades oficiales" y
desconfía de cualquier sistema que intente
controlar y canalizar la información que la sociedad
recibe.

La defensa de una prensa realmente libre, diversa
y sin influencias ni compromisos corporativos o
políticos es un pilar del Custodismo. El apoyo a
redes de información descentralizadas, medios
comunitarios y el periodismo independiente y
ciudadano sin filtros son vías que garantizan esta
Libertad y tenemos la responsabilidad de proteger.

En última instancia, una sociedad libre de verdad
sólo puede existir si los canales informativos se
mantienen libres de manipulación y censura. Es
obligación moral de todo Custodio defender la

Libertad de información como si su vida dependiera de ello, pues en realidad depende.

Libertad de protesta

La protesta es la válvula de escape de las sociedades oprimidas y, quizás, el arma más poderosa de las comunidades para desafiar a sus opresores. Es el extremo opuesto a la obediencia ciega y la aceptación pasiva.

Un Custodio aboga por la facultad de protestar, manifestarse y expresar públicamente el descontento pese al miedo a las represalias.

La desobediencia es, de lejos, la más fuerte de las protestas. Proteger lo que quiere ser confiscado, aprender sobre lo que pretenden ocultar o cuestionar lo que presentan verdad oficial son algunos ejemplos de protesta eficaz.

Los sistemas a menudo recurrirán a dar incentivos sociales o económicos para evitar el conflicto. También usarán el miedo y diferentes castigos para disuadir nuestras protestas. Cesar la protesta por cualquiera de esos motivos es renunciar a la Libertad plena.

No tenemos nada que perder lo suficientemente importante para ceder nuestra Libertad.

Pero también es justo para un Custodio recibir con los brazos abiertos la protesta ajena cuando sea legítima, cuestionarla y modificar, si es necesario, nuestro propio criterio.

Libertad familiar

La familia es el corazón de cualquier sociedad libre. Es el espacio donde se forman los vínculos más importantes y se transmiten los valores iniciales.

La Libertad familiar es un derecho inviolable. El poder de decidir de forma libre y soberana cómo conformar su propia familia, con quiénes construir lazos y qué valores y principios inculcar sin presiones externas es fundamental.

La familia consanguínea merece el máximo respeto, pero un Custodio también reconoce otras formas de familia libremente formada, pues los lazos más fuertes a menudo se tejen por elección propia.

Es nuestro deber salvaguardar la inviolabilidad del hogar, el derecho a la privacidad familiar y la capacidad de cada individuo de elegir a sus seres más cercanos sin dar a ningún sistema la capacidad de decidir sobre ello.

La familia formada por individuos libres es más fuerte y libre. En ella reposa la responsabilidad de perpetuar la lucha por las libertades plenas.

Libertad de defensa

Ante la amenaza creciente que enfrentan nuestras libertades individuales y colectivas la legítima defensa se torna un derecho y un deber para todo Custodio.

Defender lo que por derecho nos pertenece no solo está permitido, es elogiable. Si no luchamos por conservar lo que hemos alcanzado la tiranía avanzará sin compasión hasta arrebatarnos todo atisbo de soberanía individual.

La defensa de la Libertad, la propia y la ajena, puede manifestarse de formas pacíficas y beligerantes, pero todas igualmente válidas y respetables. Desde la desobediencia civil hasta la acción directa en legítima defensa cuando no haya alternativa y nuestra vida y Libertad esté comprometida.

El riesgo es real. Pero todo aquel que se atreva a amenazar nuestra Libertad absoluta sepa que permaneceremos firmes, inamovibles y dispuestos a defender con los medios a nuestro alcance lo que por derecho nos pertenece.

Nadie respeta más la Libertad del prójimo que un hombre libre, pues sabe que tratar de arrebatar la Libertad a otro es tremendamente peligroso.

Libertades trascendentales

Libertad existencial

La Libertad existencial es el reconocimiento de la gracia y valor inherente a la vida humana y del derecho individual a existir y trascender de acuerdo a su propio criterio y convicciones.

Esta es una afirmación de que la vida de todo ser humano es valiosa y digna. Y de que debe ser respetada en su libre determinación al respecto de su existencia terrenal. Ningún sistema o autoridad puede tener la potestad de decidir sobre el destino de los individuos.

El Custodio defiende el derecho a la vida en toda su extensión y enorme complejidad. Con total respeto al derecho que tiene cada persona a decidir si trae nueva vida al mundo hasta la capacidad de ponerle fin a su propia existencia si así lo decide en pleno uso de sus capacidades, en Libertad absoluta y bajo su libre pensamiento y criterio.

La vida es el único regalo que se nos da sin contraparte y nos volvemos legítimos Custodios y

administradores. Y respetar la Libertad existencial
es condición básica de cualquier sociedad que se
precie libre.

Libertad de justicia

Solo la justicia que emana del mutuo acuerdo, la
razón y el reconocimiento de libertades y
obligaciones compartidas es válida para un
Custodio. Cualquier otra forma de "justicia"
impuesta por sistemas corruptos no es otra cosa
que un ejercicio de represión e injusticia.

Abogamos por formas participativas y
descentralizadas de justicia fundamentadas en el
diálogo, el entendimiento y la buena fe de los
individuos involucrados. Es el único modo de dar
fin justo a los conflictos que surjan en el ejercicio
de las libertades.

Rechazamos de lleno cualquier aparato judicial
centralizado y viciado por un sistema que termina
sirviendo a los intereses de las minorías opresoras
y no a la genuina resolución de controversias.

Es nuestro deber moral construir sistemas de
justicia basados en la ética y los valores que
históricamente han demostrado garantizar el orden
y la convivencia social. Sistemas de justicia
apartados completamente de los sistemas de
gobierno que se guíen únicamente por la

honestidad, la responsabilidad, la integridad y el respeto genuino a la vida y la propiedad privada.

Libertad de espíritu

La cúspide de las libertades trascendentales es la Libertad de espíritu. Es el derecho máximo de todo ser humano de forjar sus propias creencias y conexiones con planos superiores y concepciones sobre los misterios del cosmos y lo divino.

El Custodio respeta y defiende todas las expresiones de espiritualidad. Siente un respeto máximo por las creencias religiosas y filosóficas que expanden la consciencia y permiten a los individuos alcanzar una mayor Libertad.

Sólo si rompemos las cadenas que nos impiden alejarnos de lo puramente material y de las "verdades oficiales" podremos acceder a formas más elevadas y plenas de Libertad.

La verdadera Libertad de espíritu jamás debe ser entendida como una elección entre un amplio abanico de opciones. Cada individuo con Libertad de espíritu plena forjará su propia creencia, aceptando y rechazando ideas hasta formar su propia creencia única y personal.

Nuevas libertades

Los Custodios somos plenamente conscientes de que las libertades se expanden al ritmo que la humanidad avanza. Resultado de la innovación y el progreso hacia nuevos horizontes inimaginables germinarán nuevas libertades, sociales principalmente e individuales eventualmente.

Es parte de nuestra misión estar receptivos ante las nuevas libertades que están por venir. Pues incluso si lográramos alcanzar la Libertad plena en su expresión actual, esta volvería a alejarse indefinidamente al expandir sus fronteras.

Aquél que ingenuamente piense que las libertades son inmutables que simplemente observe nuestra propia historia. No fue sino hasta la invención de la imprenta que nacieron nuevas libertades de expresión e información por las que luchar. La Libertad de movimiento creció exponencialmente junto a las innovaciones en el transporte y las comunicaciones. Las libertades de enseñanza y de aprendizaje se vuelven más complejas con cada avance tecnológico.

Se vislumbran nuevos desafíos. El avance tecnológico sin precedentes, la exploración espacial, la modificación genética y otros progresos de la naturaleza humana plantearán la necesidad de nuevas soberanías que construir y custodiar.

Tenemos que dar nuestro compromiso absoluto por defender las libertades ya conquistadas y mantenernos en la lucha por las nuevas libertades que llegarán. Para esto es tan necesario cooperar como una comunidad unida y un deseo de Libertad que se transmita generación tras generación.

La responsabilidad de la Libertad

En el ejercicio de tus libertades individuales y sociales enfrentarás a menudo conflictos con otros individuos igualmente libres. La Libertad real exige ser consecuentes y responsables de nuestras acciones.

La "Libertad" entendida como el libre albedrío individual, sin responsabilidades ni consecuencias, es libertinaje o anarquía, algo indigno de ser llamado Libertad.

Al defender a ultranza nuestra Libertad es igualmente necesario y vital respetar el mismo derecho en nuestros semejantes. Jamás abusaríamos de nuestra Libertad para oprimir la Libertad ajena.

Se trata de una balanza muy delicada de contrapesos, donde la máxima expresión de Libertad individual sólo puede hacerse efectiva cuando la Libertad ajena sea perfectamente equiparable a la nuestra.

Es nuestra obligación ética y moral ejercer con responsabilidad cada una de las libertades actuales y futuras, no dejarnos llevar por el libertinaje egoísta y actuar con tolerancia hacia los derechos de los demás.

La Libertad absoluta es un manto que nos cubre a todos por igual. Cualquier Libertad ajena que se vea comprometida debe ser protegida como si fuese propia, pues no hay libertades diferentes sino una Libertad única compartida.

Enemigos y desafíos

Es fácil rendirse en la lucha por la Libertad. Son muchos incentivos en forma de ayudas sociales, regulaciones o premios que nos entregan a cambio de cesar en nuestra lucha. Pero no difieren de aceptar un caramelo envenenado.

El cansancio también juega en nuestra contra. Es agotador luchar por algo que otros quieren derrocar. Pero son ellos o somos nosotros.

Los principales enemigos de la Libertad son los sistemas opresores y sus cómplices, que acumulan poder a costa de arrebatarnos nuestras libertades. Regímenes totalitarios y burocracias corruptas que anteponen su avaricia descontrolada por delante de la soberanía individual.

Van a utilizar todo su arsenal para minar nuestra moral y destruir nuestros deseos de emancipación verdadera. Desde manipulación mediática, propaganda y censura, hasta violencia instituciones o persecuciones abiertas contra los que nos rebelamos.

Pero no nos verán vencidos. Conocemos el valor incomparable de la Libertad y las consecuencias catastróficas de perderla.

Estamos listos para cualquier desafío. Hasta los más dóciles están ya despertando y los Custodios vamos a mostrarles lo verdaderamente importante.

Incluso aquellos que viven felices con las migajas que un sistema corrompido les da, se dan cuenta que eso no vale nada y que a cambio lo están entregando todo. Y los que no se dan cuenta aún lo harán pronto. Nosotros les ayudaremos.

Inevitablemente los sistemas opresores que dominan gran parte del mundo caerán ante la inminente revolución social que está por llegar muy pronto.

No tenemos miedo ni hay nada que perder.

Es la Libertad o no es nada.

Luchemos.

www.ingramcontent.com/pod-product-compliance
Lightning Source LLC
Chambersburg PA
CBHW051708250726
48653CB00007B/2920